2

1

This coloring book belongs to :

3

By Jaune Activity

Dot-to-Dot

1

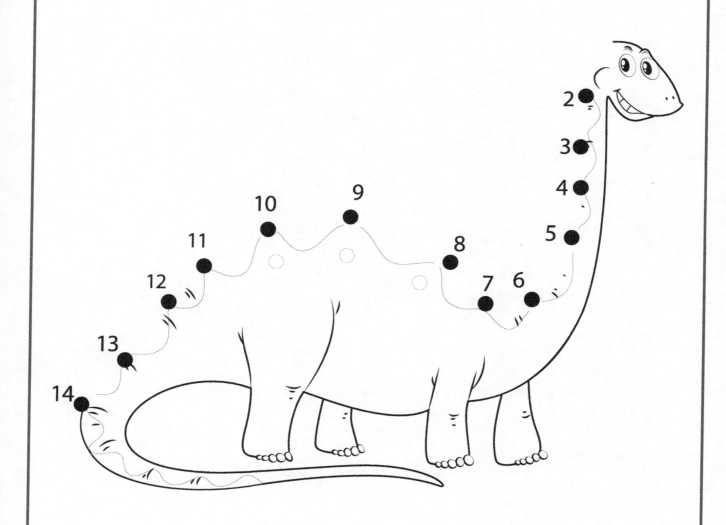

2

Dot-to-Dot

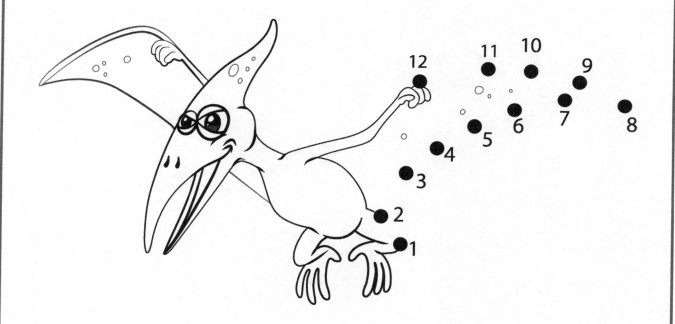

3

Dot-to-Dot

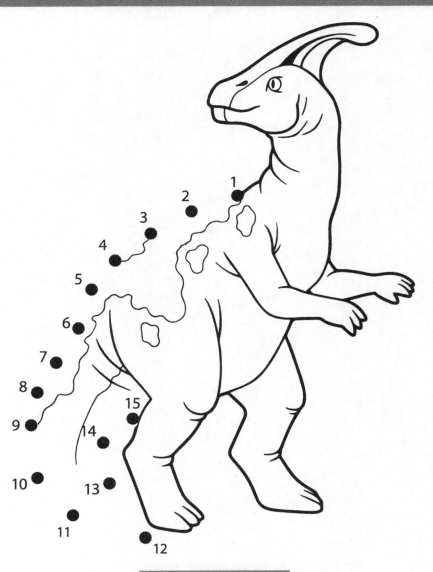

4

5

Dot-to-Dot

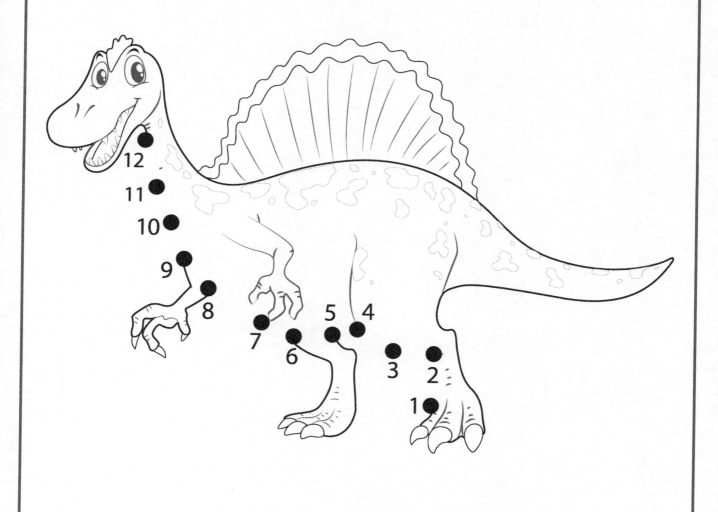

6

Dot-to-Dot

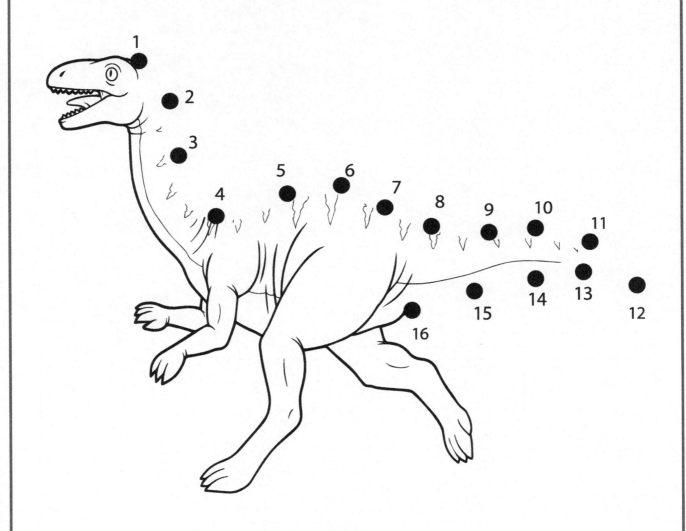

7

Dot-to-Dot

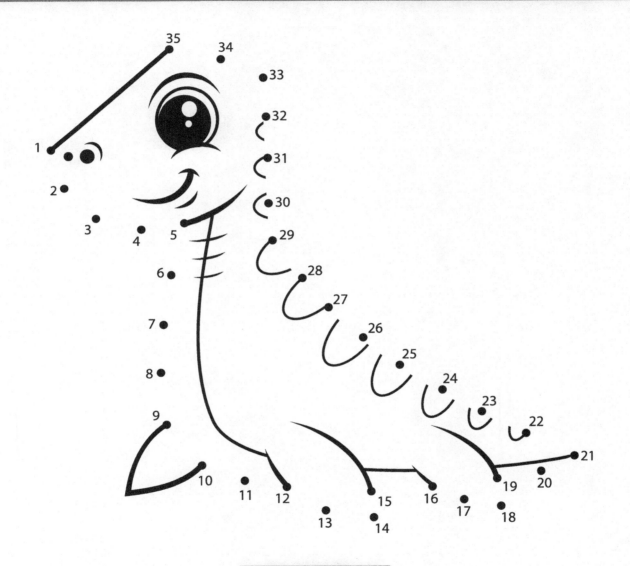

8

Dot-to-Dot

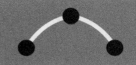

9

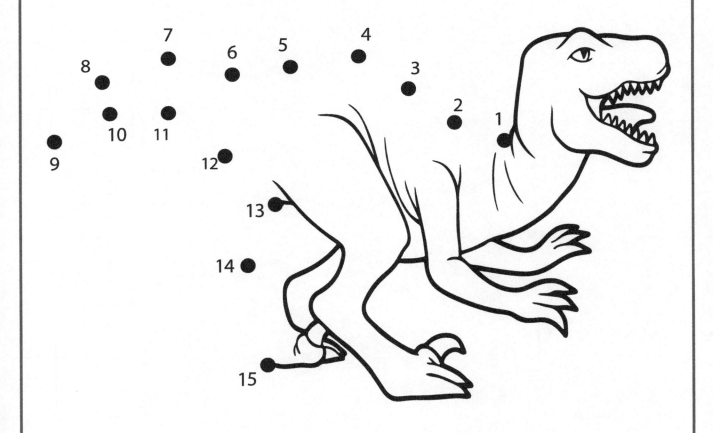

10

Dot-to-Dot

11

12

Dot-to-Dot

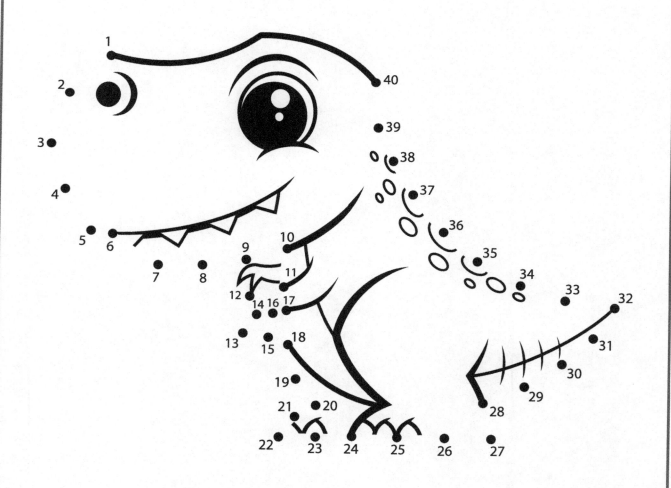

13

Dot-to-Dot

14

Dot-to-Dot

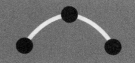

15

16

17

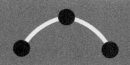

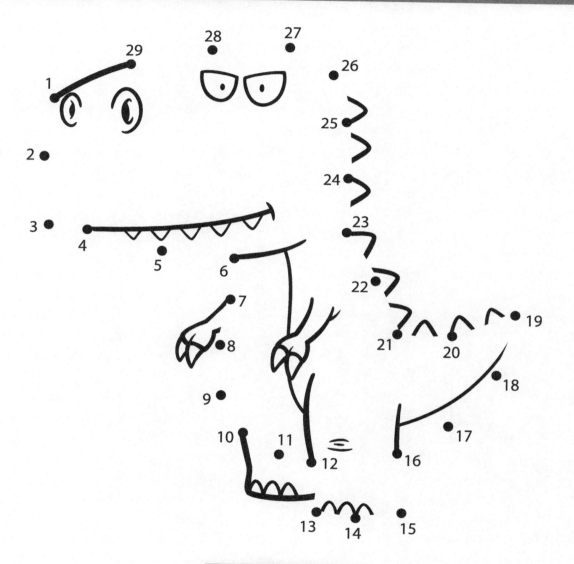

18

Dot-to-Dot

19

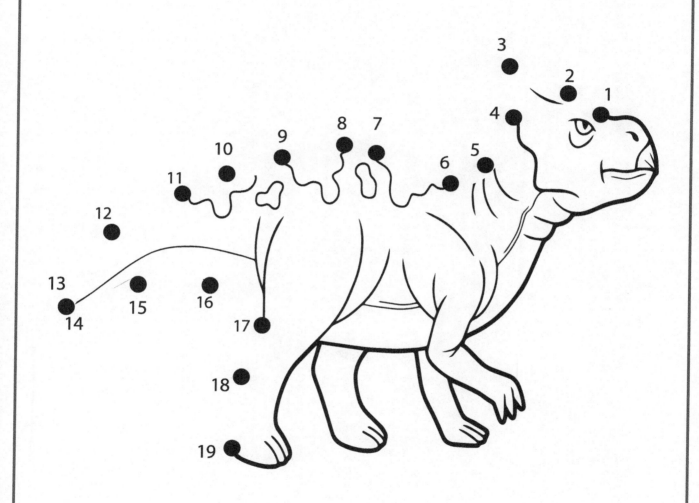

20

21

Dot-to-Dot

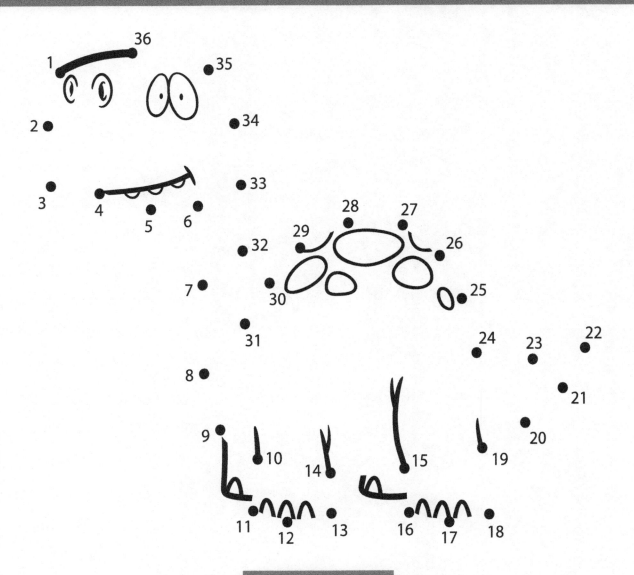

22

Dot-to-Dot

23

Dot-to-Dot

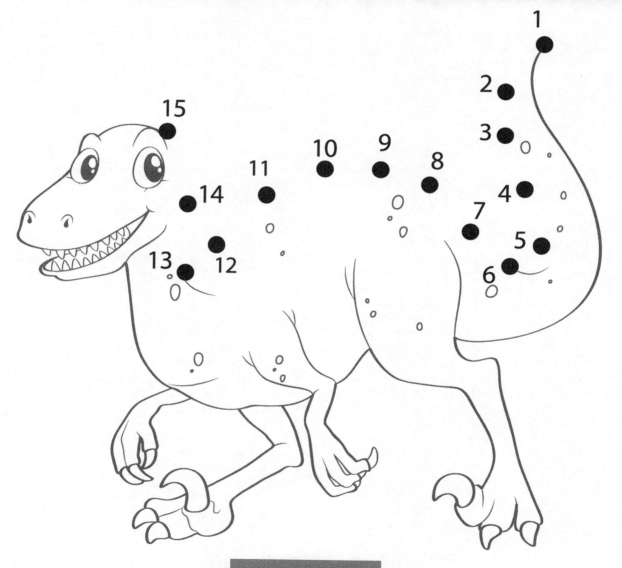

24

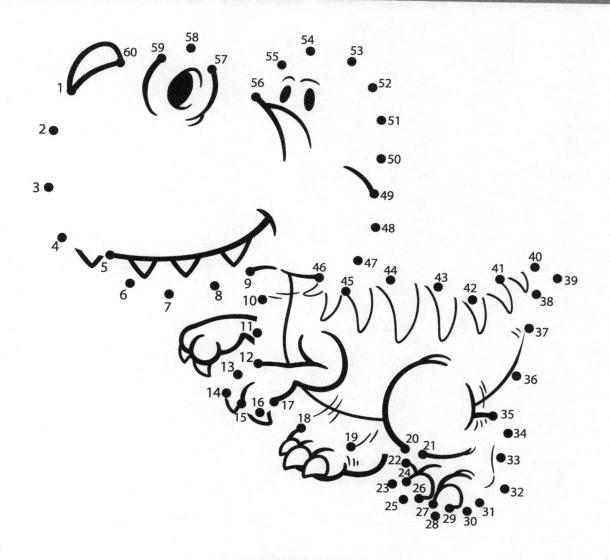

25

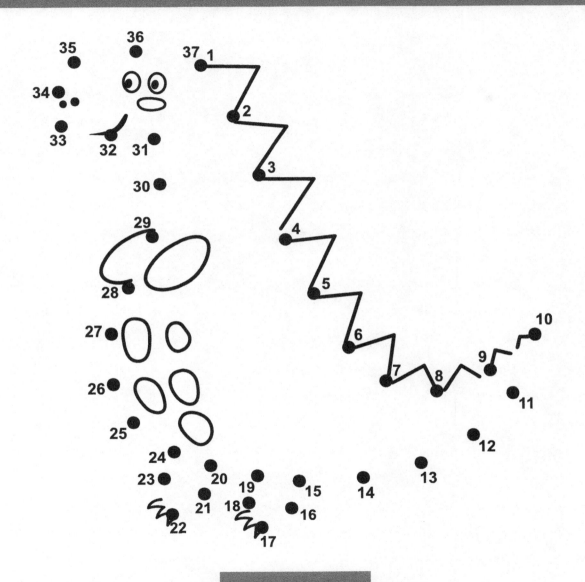

26

27

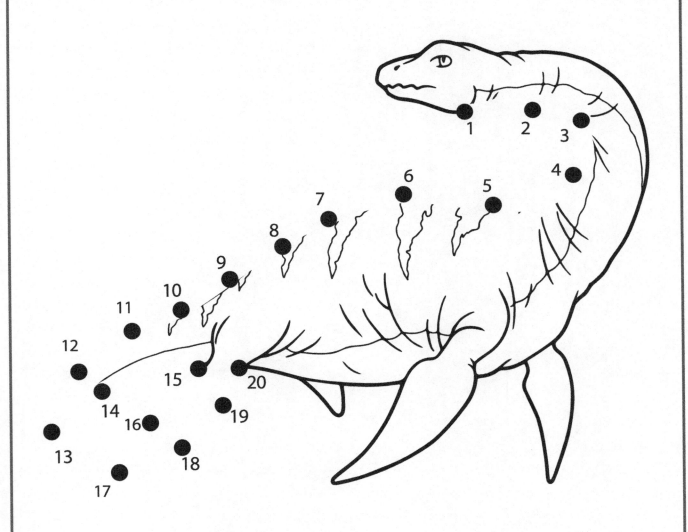

28

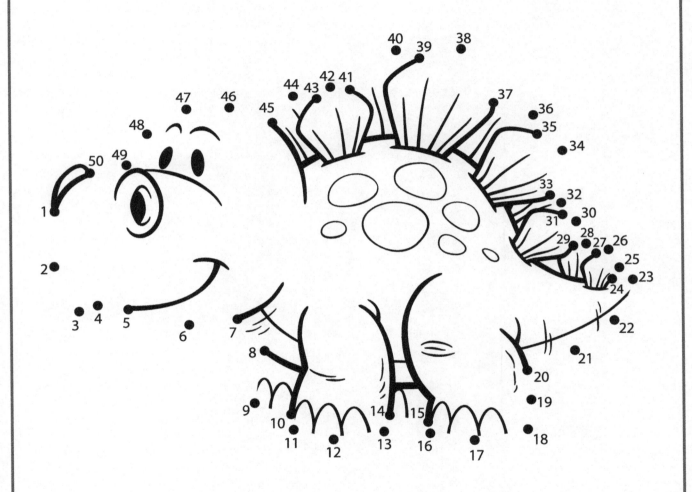

29

Dot-to-Dot

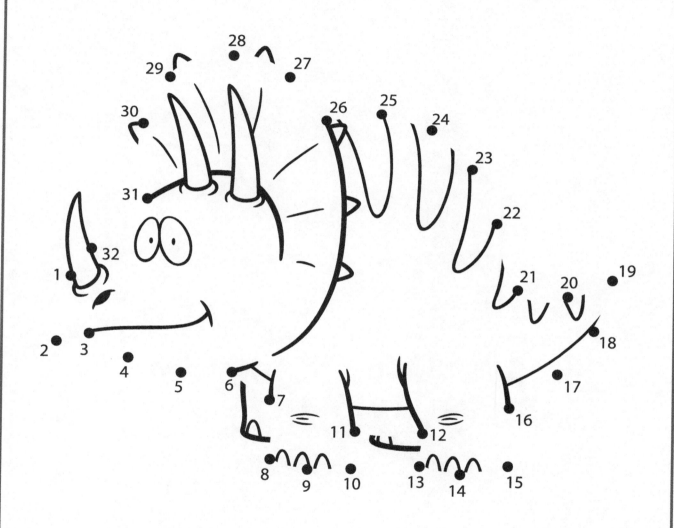

30

Made in the USA
Las Vegas, NV
24 February 2024